Uschi Knobeloch

ist Diplom-Sozialpädagogin und ist im Bereich der Sprachförderung für Migrantenkinder tätig. Sie hat langjährige Erfahrung auf dem Gebiet der Familienbildung und Behindertenarbeit. Sie hat zwei Kinder und lebt in Mühlheim am Main.

Klaus Puth

ist als freiberuflicher Grafiker und Illustrator tätig. Er hat zahlreiche Kinderbücher und Geschenkbücher veröffentlicht und lebt mit seiner Familie in Mühlheim am Main.

Uschi Knobeloch (Text)
Klaus Puth (Bilder)
Ein Tag in der Stadt mit Anna und Max

Bibliografische Information der Deutschen Nationalbibliothek
Die Deutsche Nationalbibliothek verzeichnet diese Publikation in der Deutschen Nationalbibliografie; detaillierte bibliografische Daten sind im Internet über http://dnb.d-nb.de abrufbar.

© 2007 Patmos Verlag GmbH & Co. KG
Sauerländer, Düsseldorf
Alle Rechte vorbehalten.
Umschlaggestaltung heike ossenkop pinxit, Basel
unter Verwendung einer Illustration von Klaus Puth
Printed in Austria
ISBN 978-3-7941-9110-9
www.patmos.de

Uschi Knobeloch · Klaus Puth

Ein Tag in der Stadt mit Anna und Max

Sauerländer

Am Morgen im Kinderzimmer

Das ist das Zimmer von Anna und Max. Hier gibt es viele Spielsachen. Das rote Regal gehört Anna, das grüne gehört Max.
Es ist Zeit zum Aufstehen. Mama hat die Vorhänge schon aufgemacht.
Aus der Küche duftet es nach Kakao.
Jetzt aber schnell! Im Kindergarten warten schon die Freunde von Anna und Max!

Max und Anna haben jeder ein Lieblingskuscheltier. Entdeckst du sie?

Findest du das neue Polizei-Auto?

Durch die Stadt

Zusammen fahren sie in Mamas Auto zum Kindergarten. Jeden Morgen kommen sie dabei am Zooladen vorbei. Heute entdeckt Max zwei Papageien im Schaufenster. Die waren gestern noch nicht da!
Mama sagt: »Heute Nachmittag müssen wir hier Futter für die Goldfische kaufen!«
Vor dem Supermarkt rollen ein paar Apfelsinen über den Bürgersteig. Da bringt sich der Dackel schnell in Sicherheit!

Wer läuft da so schnell über den Zebrastreifen?

Wo sind die Kuscheltiere?

An der Tankstelle

An der nächsten Kreuzung biegt Mama ab: Sie muss noch mal zur Tankstelle fahren.
In der Autowerkstatt schaut sich ein Mechaniker gerade ein Auto von unten an. Dazu muss das Auto auf einer Hebebühne stehen. Anna und Max möchten noch unbedingt durch die Waschanlage fahren. Das ist ziemlich aufregend – und laut! – wenn die bunten Bürsten links und rechts am Auto vorbeidrehen!

Findest du Annas Teddy?

Und wo hat sich das Nilpferd von Max versteckt?

Im Kindergarten

Als Anna und Max in den Kindergarten kommen, malen schon ein paar Kinder an dem großen runden Tisch mit Fingerfarben. Anna holt gleich ihre Malerschürze und sucht sich einen freien Platz. Max möchte heute lieber mit Paul in der Baueecke spielen. Hier haben sie gestern einen Bauernhof aufgebaut. In einer Holzkiste sind noch viel mehr Tiere für den Bauernhof. Aber irgendjemand muss die Kühe versteckt haben!

Findest du die Kühe?

Die Kuscheltiere sind heimlich in den Kindergarten mitgekommen. Findest du sie?

An der Baustelle

Mittags holt Mama Max und Anna vom Kindergarten ab. Auf dem Weg zum Parkplatz kommen sie diesmal an einer großen Baustelle vorbei. Hier rattert und knattert, zischt und rumpelt es. Max muss sich die Ohren zuhalten.
Der große gelbe Baukran kann einen besonders schweren Behälter mit Zement von einem Platz zum anderen heben.
Ein Mann mit roter Jacke rudert mit den Armen auf und ab und zeigt dem Kranführer, wo der Behälter hinmuss.
Der Schaufelbagger hebt ein tiefes Loch aus. Hier soll ein großes Haus gebaut werden.

Siehst du den Zementmischer?

Wo sind die Kuscheltiere von Anna und Max?

Auf dem Wochenmarkt

Jetzt gehen Mama, Max und Anna noch schnell zum Wochenmarkt. Es soll Frikadellen und Würstchen von der Landmetzgerei geben, wünschen sich Max und Anna. Auf dem Markt gibt es viele bunte Stände mit Obst, Gemüse und Blumen. Überall riecht es würzig und frisch.
Am Brotstand gibt es duftende, leckere Brötchen. Mama sucht beim Obsthändler nach Trauben.

Siehst du den Mann mit dem riesigen Kürbis?

Irgendwo müssen sich auch die Kuscheltiere von Max und Anna versteckt haben. Findest du sie?

Bei Oma im Garten

Oma wartet schon auf Anna, Max und Mama. Sie hat leckeren Orangensaft gemacht.
Otto, Omas kleiner schwarz-weißer Hund, tobt gern und freut sich schon auf die Kinder!
Im Beet neben der kleinen Wiese schauen Omas Mohrrüben aus der Erde.
Am Zaun wachsen Mamas Lieblingsblumen: große, gelbe Sonnenblumen.
»Bitte, bitte, können wir noch zum Streichelzoo gehen?«, betteln die Kinder auf dem Nachhauseweg. Der Streichelzoo liegt ganz in der Nähe von Omas Garten, also ist Mama einverstanden.

Auch hier haben sich die Kuscheltiere versteckt. Findest du sie?

Was haben die Nachbarn denn da Tolles geerntet?

Im Streichelzoo

Im Streichelzoo dürfen die Kinder viele Tiere nicht nur streicheln – sie dürfen sie sogar füttern! Aber nur mit dem Futter, das im Streichelzoo verkauft wird, sonst könnten die Tiere krank werden. Die freche braune Ziege will die Papiertüte gleich mitfressen!
Anna entdeckt am Zaun zwei kleine Lämmchen. Sind die weich!

Ein vorwitziges kleines Schweinchen ist durch ein Loch im Gehege entwischt. Kannst du es finden?

Wo sind die Kuscheltiere diesmal versteckt?

Am Bahnhof

Es ist schon spät am Nachmittag und Mama, Max und Anna holen Papa vom Bahnhof ab. Sein Zug ist schon vor ein paar Minuten pünktlich angekommen. Viele Leute sind hier unterwegs. Eine Frau mit einer rot-weiß karierten Hose schiebt einen schweren Kofferkuli vor sich her. Sie hat gleich drei Koffer daraufgepackt! Ob sie es wohl rechtzeitig bis zu ihrem Zug schafft?
Anna und Max haben Papa im Gewimmel schon entdeckt und winken ihm aufgeregt zu.
Auf dem Bahnhofsvorplatz steht der Eismann mit dem besten Erdbeereis. »Davon bekommt gleich jeder eine große Kugel!«, hat Mama versprochen.

Wo sind die Bahngleise mit den Zügen?

Und die Kuscheltiere – wo sind die?

In der Zoohandlung

»Jetzt müssen wir aber schnell in die Zoohandlung, sonst bekommen die Goldfische heute kein Abendessen!«, sagt Mama. Endlich können sich Max und Anna die beiden Papageien aus der Nähe anschauen. Sie heißen Lora und Karo und dürfen nur als Pärchen verkauft werden. »Ein Papagei allein wird sehr traurig«, sagt der Verkäufer.
In der Zoohandlung gibt es auch viele große Aquarien mit bunten Fischen. Mama und Papa gucken den so genannten Scheibenputzerfischen in einem Aquarium zu. »Die könnten wir zu Hause auch ab und zu gebrauchen!«, sagt Mama und lacht.

In der Zoohandlung trägt jemand ein Vogelhäuschen unterm Arm – weißt du, wer?

Auch die Kuscheltiere sind wieder dabei. Entdeckst du sie?

Am Abend im Kinderzimmer

Heute Abend sind Max und Anna besonders müde. Es war ja auch ein langer und aufregender Tag! Papa ist mit der Gute-Nacht-Geschichte an der Reihe. Auf die wollen Max und Anna auf keinen Fall verzichten.
Dann wird es im Kinderzimmer langsam still. Max murmelt nur noch: »Papa, vergiss nicht, die Vorhänge zuzuziehen. Und denk an unseren Gute-Nacht-Kuss!« Dicht aneinandergekuschelt sitzen auch die beiden Schäfchen da und schlafen schon!

Erkennst du, wer hier schon schläft?

Wo sind das Nilpferd und der Bär?

Für alle VorleserInnen, Eltern und Erziehende

Durch Sprechen und Verstehen erschließen sich Kinder die Welt und im Austausch mit anderen lernen sie sich auszudrücken. Ein Bilderbuch kann einen wichtigen Beitrag zur Sprachförderung bei Kindern leisten: Wer gemeinsam eine Bilderbuchgeschichte gelesen und angeschaut hat, mag vielleicht anschließend noch ein bisschen darüber reden. Hier sind ein paar Fragen, die Kinder zum Erinnern und Erzählen anregen:

Weißt du noch?
Wie heißen die Kinder aus der Geschichte?

Durch die Stadt:
Warum hat sich der kleine Dackel
schnell in Sicherheit gebracht?

An der Tankstelle:
Warum wollen Anna und Max unbedingt
durch die Waschanlage fahren?

Im Kindergarten:
Anna holt im Kindergarten gleich eine Schürze.
Was will sie heute machen?

An der Baustelle:
Warum hält sich Max die Ohren zu?

Auf dem Wochenmarkt:
Was wollen Max und Anna heute
zu Mittag essen?

Bei Oma im Garten:
Wie heißen Mamas Lieblingsblumen?

Im Streichelzoo:
Wer will die Futtertüte gleich
mitfressen?

Am Bahnhof:
Was hat Mama allen versprochen?

In der Zoohandlung:
Wie heißen die beiden Papageien?

Am Abend:
Wer liest Anna und Max eine
Geschichte vor?